编辑人员

主　　编：秦小军

副 主 编：吴代峰　石清芳

编　　辑：胡仁亮　唐　涛

执行编辑：罗胜强

摄　　影：段　坚　秦　韵

拓　　片：谷小红　崔志祥　李勇军

资　　料：李　晶　唐　薇　欧阳婧　刘嫙子

郴镜文化：郴州古镜精粹

THE CULTURE OF CHENZHOU MIRRORS :
A COLLECTION OF ANCIENT MIRRORS OF CHENZHOU

郴州市文物事业管理处　郴州市博物馆　编

GUANGXI NORMAL UNIVERSITY PRESS
广西师范大学出版社
·桂林·

CHEN JING WENHUA：CHENZHOU GUJING JINGCUI

出版统筹：张　明
责任编辑：廖佳平
助理编辑：张维维
整体设计：林　林
内文制作：王玲芳
责任技编：王增元 伍先林

图书在版编目（CIP）数据

郴镜文化：郴州古镜精粹 / 郴州市文物事业管理处，郴州市博物馆编．—桂林：广西师范大学出版社，2018.9
ISBN 978-7-5598-0273-6

Ⅰ．①郴… Ⅱ．①郴…②郴… Ⅲ．①古镜—铜器（考古）—郴州—图谱 Ⅳ．①K875.22

中国版本图书馆 CIP 数据核字（2017）第 220780 号

广西师范大学出版社出版发行
（广西桂林市五里店路 9 号　邮政编码：541004
网址：http://www.bbtpress.com）
出版人：张艺兵
全国新华书店经销
珠海市豪迈实业有限公司印刷
（珠海市香洲区洲山路 63 号豪迈大厦　邮政编码：519000）
开本：889 mm × 1 194 mm　1/16
印张：7.5　　字数：48 千字
2018 年 9 月第 1 版　　2018 年 9 月第 1 次印刷
定价：98.00 元

目 录

◎ 郴州古镜概述 ◎

郴州处在南岭山脉之中，位于湖南省东南面，南面为广东省韶关和清远市，东面紧靠江西省井冈山和赣州市。境内山峦重叠，河流纵横，气候温湿，雨量充沛，古木参天，兼具南北气候带，非常适宜人类生活，因此在此地发现了众多的古遗址和古墓葬，如1955年和1959年在郴州马家坪发现战国墓葬[1]；1978年东江水电站建设，湖南省文物工作队在资兴市旧市乡和厚玉乡发掘古墓葬600多座，分春秋、战国、两汉、六朝和唐宋时期[2]；截至2012年，郴州文物工作者在市区共发掘战国至明代古墓约700多座[3]。这些墓葬的随葬品中有铜镜200多件。从郴州铜镜的情况看，以战国和两汉出土的铜镜数量最多，其他年代出土相对较少。为完善本区域内铜镜的发展脉络，书中对征集的铜镜也做了相应的搜集和整理，使读者能够更加直观地感受到郴州铜镜的发展历史。

一、战国时期

截止2012年，郴州市共发掘战国墓400多座，出土铜镜30多件。这一时期铜镜质地较薄，精致复杂，线条流畅，布局丰满。铜镜颜色分为黑色、黄色和绿色，其中黑色应该为黑漆古作用而成，黄色和绿色是铜镜本身与土壤之间化学反应的结果。纹饰分为山字纹、蟠螭纹、菱形纹、花叶纹、几何纹等，均为楚式镜，山字纹镜最多，其次是花叶镜。这些铜镜均为弦钮，以1979年资兴市旧市乡出土的蟠螭纹镜的钮最有特点，钮上有纹饰分布。

山字纹镜，圆或方钮座，以羽状纹或云雷纹为地纹，山字为主纹，分四、五、六山，以四山为最多，往往在山字间以四、五、八、十二叶或四竹叶等作辅助装饰。1995年郴州山川塘湘林公司工地出土1件六山纹铜镜，地纹排列无规律，山字纹相互连接，有别于上海博物馆藏[4]、1985年南越王墓[5]和1992年洛阳针织厂出土的六山铜镜[6]。

蟠螭纹镜以羽状纹或云雷纹为地纹，主纹为蟠螭，纹饰围绕在钮周边。

菱形纹镜以羽状纹为地纹，主纹组成菱形图案。

花叶纹镜以羽状纹或云雷纹为地纹，其上饰以叶纹为主纹，有四叶，为双层重叠构图。四叶较写意，有图案化倾向，叶中均饰云纹。

几何纹镜由双线组成的V形、三角形、四边形等几何图案组成，图案内填花纹、叶纹、三角纹、卷云纹、涡纹、圆圈纹、鸟纹、平行短线纹等。纹饰排列自由，无规律。

花叶纹、山字纹铜镜的年代为战国中晚期；菱形纹和几何纹铜镜的年代为战国晚期；蟠螭纹镜的年代为战国晚期到西汉初期。以年代上看，郴州出土的战国铜镜年代相对偏晚。铜镜以素镜开始，经过羽状纹或云雷纹为地纹，进一步加上山字纹、叶纹、蟠螭纹等，形成相当复杂的筑镜系统。较早的素镜和纯地纹镜，在郴州无出土。花叶纹、山字纹、菱形纹铜镜地纹主要为羽状纹，存在一定规律，呈现程式化。几何纹铜镜较少见。蟠螭纹镜主要为云雷纹，纹饰模糊，主纹图案化，显示衰败气息，以1996年郴州东风路筑路机械厂家属区工地发现的西汉早期墓葬出土的蟠螭镜为例，铜镜脱离了楚镜一些铸造模式，更加厚实。主纹和地纹相互配合，层次分明，体现出当时冶炼技术高超的技艺。羽状纹在四山镜、菱形镜、四叶镜中最为清晰，成组排列。

二、两汉时期

郴州市区发现两汉墓310座，大部分分布在高山背、马家坪、南塔岭、磨心塘、刘仙岭、桂门岭、骆仙岭等地，其他地方也有零星的分布，出土了较多的汉代铜镜。资兴市旧市乡及周边发掘两汉墓363座，出土汉镜47件。在其他地区也有汉镜出土。

这一时期铜镜分为蟠螭纹镜、星云纹镜、连弧铭文镜、重圈铭文镜、多乳禽兽纹镜、规矩纹镜、连弧纹镜、神兽镜、画像镜、夔凤纹镜、龙虎纹镜等。相对于战国铜镜，该时期的铜镜质地特别的厚重，镜背的花纹细致，地纹逐渐消失，主纹成为单一的图案，趋于简单；镜钮以圆钮为主，改变战国镜钮特征。西汉时期铜镜多是蟠螭纹、连弧纹、乳状纹等。西汉晚期，从王莽时期开始流行规矩纹铜镜，郴州这一时期的铜镜最多，构图格局采用乳钉或几何纹布局和分割，有层次感且纹饰丰富，十分精美。规矩纹间夹杂青龙、白虎、朱雀、玄武等鸟兽图案。东汉时期，为显示禽兽的活泼，多采用减地平雕和高浮雕制图，以粗线条和大轮廓的夸张方式绘制在这一时期的铜镜上。铭文铜镜是这一时期的一个重要特征。镜背面开铸最常用的铭文有“尚方作镜”“张氏作镜”“长宜子孙”等，分布四周，明确记述制作者姓氏，有宣传广告的作用，同时显示民间铸造铜镜十分普及。“尚方”是汉代皇家御用的官署，属于少府。《汉书·百官公卿表》中少府下有“尚方”，颜师古注：“尚方主作禁器物。”[7]以此看带有 “尚方”铭文铜镜，为皇家内部铸造。2003年郴州骆仙岭北湖区政府工地出土新有善博局镜，属于汉代丹阳铸造铜镜中的一类，质量高，纹饰精美和复杂，制作工艺精湛。“丹阳”为安徽境内长江南侧的古丹阳郡（皖南地区），自古多铜矿。

“昭明”与“日光镜”钮座外有内向的连弧纹，外区为铭文带，是此类铜镜特征，但也有特殊的重圈铭文铜镜出现在这一时期，主要流行于西汉后期。铭文中有“昭明”和“日光”字样。四乳四虺镜同样流行于西汉后期，纹饰布局简单。这一时期还有草叶镜。总体来看，这些铜镜纹饰简单、宽缘。

西汉末至东汉早期流行规矩镜。此类铜镜的主要特征是在纹饰中有3个规矩形符号存在，分别是T、L、V符号。铭文多由尚方、善铜、王氏、朱氏等开头。纹饰图案多是青龙、白虎、朱雀、玄武四神，其铜镜边缘有锯齿纹、云气纹等。

东汉晚期铜镜有连弧纹镜、四叶镜、神兽镜和禽纹镜。连弧纹镜以内向连弧纹为主，四叶镜有变形四叶和四叶夹“长宜子孙”铭文铜镜之分，这两类铜镜郴州出土较少。神兽镜用浮雕手法表现龙、虎、神仙、钱纹等题材，部分有铭文“主至三公”“张氏作镜”“三羊作镜”“杜氏作镜”“尚方作镜”等字样，边缘多有锯齿纹。禽纹镜多以乳钉纹夹有禽鸟组成。

汉代铭文从“日光”“昭明”演变“尚方”“张氏”“王氏”等带有广告性质的字样。到东汉晚期，出现“长宜子孙”“位至三公”等带有祈求升官、家族兴旺的意思。两汉是我国道教形成和发展的重要时期。道教是我国传统的宗教，祈求长生不老和成为神仙等思想，在汉代普遍存在于广大民众中。铜镜作为日常生活用品，道教思想也反映在铜镜纹饰和铭文中。陈氏作羽人龙纹镜中的羽人是道家追求和宣传的能够长生不老的仙人。四神博局镜、尚方八禽博局镜、八禽简化博局镜铭文“尚方作镜真大巧，上有仙人不知老”，既显示成为仙人的理想生活，更显示道家教诲深入民众心灵。新有善博局镜、四神博局镜、尚方禽兽镜等的纹饰或文字以四神为题材，四神为青龙、白虎、朱雀、玄武。四神是中国古代四方星宿的名称，统治着传统的天文系统，将星空划分为二十八宿，以此代表着统治阶级象征性地统治天地万物，使铜镜神圣性得到进一步推广。铭文“左龙右虎掌四方，朱雀玄武顺阴阳”，显示四神作为天上的神灵，具有驱邪避鬼的功能。总的来看，纹饰和铭文主要表现出汉代民众祈求社会安定的思想。

三、六朝时期

改革开放以后，郴州城市建设规模的扩大以及水利设施的建设，六朝墓葬和水井在郴州相继被发现。1978年至1980年在资兴市旧市乡和厚玉乡发现六朝墓葬33座，出土铜镜1件，纹饰为高浮雕。近三十年来在郴州市内发现六朝墓葬30多座，出土铜镜4件，其中2件的纹饰分别为夔纹和弦纹。1991年在临武县马塘发掘三国时期墓葬 1座[8]，出土铜镜2件，纹饰为高浮雕兽纹。六朝时期南北分裂，南方相对稳定，铜镜延续汉代铭文习俗，祈求富贵安康思想还在延续。从出土铜镜看，延续了汉代铸造铜镜风格且有一些改变，制作相对粗糙，出现高浮雕的纹饰。

四、唐宋时期

在郴州地区发现的唐宋时期墓葬不多，随葬品较少，分布较零散。在郴州市区发现唐代和宋代墓葬，出土唐代“花发”四瑞兽镜和花鸟镜，还有宋代双龙镜和湖州石家镜。在桂阳发现宋代墓葬，分别出土葡萄花纹镜、千秋万岁菊花镜[9]和花纹镜。此时期，郴州文物部门征集的铜镜较多，类别也多，唐代铜镜有瑞兽葡萄镜、双鸟镜、散点式宝相花镜；宋代铜镜有李氏四神镜、仙人龟鹤镜、仙人降龙镜、瑞兽葡萄镜、葵花形镜、方形双凤镜、湖州石家镜、玉兔捣药镜、带柄花纹镜、鸟语花香镜、双凤镜、平安富贵镜、仙人鹤鹿同春镜等。宋代铜镜数量远远多于唐代铜镜，形式也更多样，缠枝花草纹、神仙题材、字号商标等铜镜在这一时期出现最多。唐宋铜镜已脱离汉镜模式和纹饰，有新的纹饰问世，是该时期铜镜的重要特点。

五、明清时期

郴州市发现重要的墓葬——明代何仲方墓[10]，位于郴州市三里田李家坝，随葬铜镜7件，分别是缠枝花卉镜、弦纹镜和湖州孙家镜等。1985年在宜章县城关镇北门后山的县看守所发掘出土德甫铭文镜1件。郴州各地文物部门征集到众多这一时期的铜镜，明代有龙虎镜、简化鱼纹镜、人物多宝镜、湖州薛怀泉镜、本无之妙镜、状元及第镜、五子登科镜、寿星动物镜等；清代有龙飞凤舞镜、福并乾坤镜等。明清是中国铜镜发展史的尾声，郴州明代镜多于清代镜，也说明清代铜镜走向了衰落，只是多用于结婚时起象征意义及镇宅除妖之用。明清铜镜以圆形为主，少有宋代铜镜的方形、菱形等样式。纪名号款类有德甫铭文镜、湖州孙家镜、湖州薛怀镜；自赞类有“本无之妙”镜；科举类有五子登科镜、状元及第镜。五子登科镜是明代一种不同于前代的新铜镜，是国家重视科举的体现。明清时期科举制度大发展，因此五子登科、状元及第这类题材在明清两代多有出现。福寿、喜庆类有龙飞凤舞镜、福并乾坤镜；吉祥类有人物多宝镜、寿星动物镜；还有鱼纹镜、缠枝花卉镜、弦纹镜等其他铜镜。

注释

[1] 李正光：《湖南郴县发现古墓》，《文物》，1955年10期。

张中一：《湖南郴州市马家坪古墓清理》，《考古》，1961年9期。

[2] 湖南博物馆：《资兴旧市春秋墓》，《湖南考古辑刊（第1集）》，岳麓书社，1982年版。

湖南省博物馆：《湖南资兴旧市战国墓》，《考古学报》，1983年第1期。

湖南省博物馆等：《湖南资兴西汉墓》，《考古学报》，1995年第4期。

湖南省博物馆：《湖南资兴东汉墓》，《考古学报》，1978年第1期。

湖南省博物馆：《湖南资兴晋南朝墓》，《考古学报》，1984年第3期。

湖南省博物馆：《湖南资兴隋唐五代宋墓》，《考古》，1990年3期。

[3] 郴州文物处内部资料。

[4] 陈佩芬：《上海博物馆藏青铜镜》，上海书画出版社，1987年版，第19页。

[5] 广州市文物管理委员会等：《西汉南越王墓》，文物出版社，1991年版，图版一六二。

[6] 霍宏伟、史家珍主编：《洛镜铜华：洛阳铜镜发现与研究》，科学出版社，2013年版，第64页。

[7]（汉）班固撰、（唐）颜师古注：《汉书》卷十九上《百官公卿表第七上》，中华书局，1999年版，第617页。

[8] 龙碧林：《临武县马塘三国墓葬清理简报》，《湖南考古辑刊（第六集）》，岳麓书社，1994年版。

[9] 湖南省文物考古研究所：《桂阳刘家岭宋代壁画墓》，文物出版社，2013年版，第46页。

[10] 郴州市文物处：《湖南郴州李家坝明墓》，《湖南省博物馆馆刊》（第十辑），岳麓书社，2014年版。

一 战国铜镜

1. 六山镜

战国　直径12厘米　边缘厚0.5厘米

圆形，三弦钮，圆钮座。纹饰由主纹和地纹组合而成。简化的羽状纹为地，排列杂乱。主纹为六山字纹，山字左旋，倾斜度较大，山字一边延长线与相邻的山字底边交接，形成围绕钮座的六角形。素卷缘。1995年郴州市山川塘湘林公司工地出土。

2. 五山镜

战国 直径16.7厘米 边缘厚0.5厘米

圆形，三弦钮，圆钮座。座周外均匀地向外伸出五叶，五叶均为两瓣。纹饰由主纹和地纹组成。以羽状纹为地纹。主纹为五山字纹，山字左旋，各山字一边的延长线与另一个山字的底边相接，形成一个围绕钮座的五角星形，五叶正好对着五角星的内角，山字中间竖线顶端斜边切边缘的弦纹圈。素卷缘。1985年郴州地区酿造厂工地采集。

3. 四山镜

战国　直径13.8厘米　边缘厚0.4厘米

圆形，钮毁，凹面带方框钮座。纹饰由主纹和地纹组成，以羽状纹为地纹。凹面方框的四角向外伸出四组连贯的叶纹，每组两叶，在每组叶纹之顶端直线连接竹叶纹，四组叶纹与竹叶纹将镜背分为四区，每区内有一斜的山字，山字向左，在各山字右边还有一叶。素卷缘。1993年郴州市竹叶冲路国土局工地出土。

4. 蟠螭镜（一）

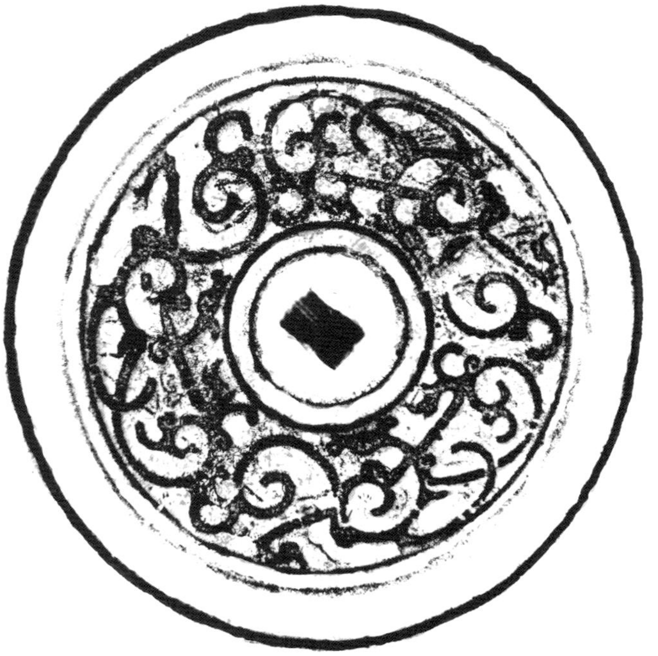

战国　直径9.6厘米　边缘厚0.3厘米

圆形，三弦钮，圆钮座。钮座外饰凸弦纹、短斜线纹各一周。纹饰由主纹和地纹组成。地纹为云雷纹。主纹为三蟠螭，均张嘴，独卷角，与镜钮外弦纹圈接近，两翼前后勾卷，相互勾连。素卷缘。1979年资兴市旧市乡工地出土。

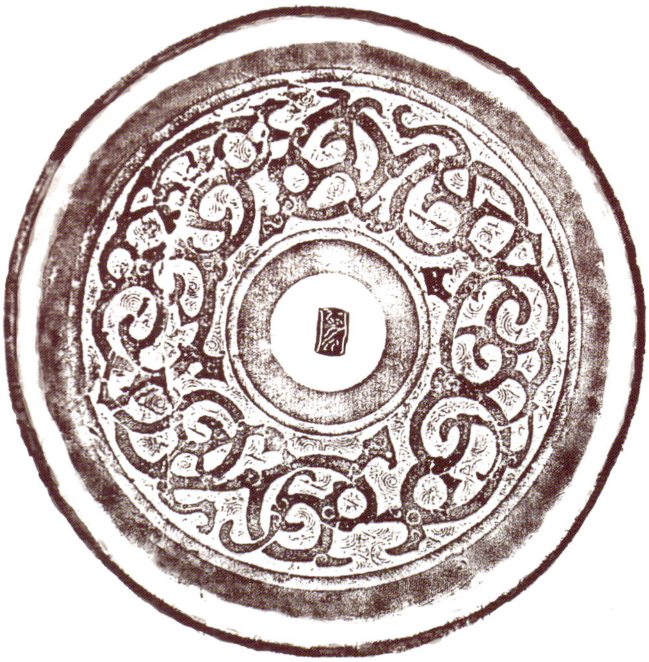

5. 蟠螭镜（二）

战国　直径14.1厘米　边缘厚0.5厘米

圆形，“S”形云纹钮，圆钮座。钮座外有两周凹弦纹，其外饰斜线一周。纹饰由主纹和地纹组成。地纹为云雷纹，较粗糙。主纹为四蟠螭，已变形，头、目、足等细部难以辨认，各蟠螭相互缠绕，组成繁密的图案。素卷缘。1979年资兴市旧市乡工地出土。

6. 折叠式菱纹镜

战国　直径13.2厘米　边缘厚0.5厘米

圆形，三弦钮，圆钮座。座外饰对称四叶纹。纹饰由主纹和地纹组成。地纹为羽状纹。主纹为凹面宽带组成的菱形纹，将镜面分为九个菱形小区。中心菱形与此相接的四区，各有一凹圆形花蕊的四瓣花朵，与中心菱形顶点相对的四区为半个菱形纹，内有由镜缘向内伸出的一瓣花朵，以镜钮为中心形成中心对称图形。素卷缘。1995年郴州市茅谷岭木材加工厂工地出土。

7. 四叶镜

战国　直径11.4厘米　边缘厚0.6厘米

圆形，三弦钮，圆钮座。纹饰由主纹和地纹合成。地纹为羽状纹排列组合，较清晰。钮座向外伸出四叶，为主纹，呈蟠桃形，叶中饰两弧线。素卷缘。1993年郴州市竹叶冲路国土局工地出土。

8. 蟠螭菱纹镜

战国　直径17.4厘米　边缘厚0.5厘米

圆形，三弦钮，圆钮座。座外饰凸面宽带纹、凸弦纹各一周。纹饰由主纹和地纹组成。以云雷纹为地纹，不清晰。主纹为蟠螭纹，可分为三组，张嘴，大眼，头顶有弯角，与钮座外弦纹圈相接。身躯和足均为弧形枝蔓，勾连在一起，腹部向后伸出一折叠菱形纹。三蟠螭之间有枝蔓相隔。素卷缘。1996年郴州市东风路筑路机械厂家属区工地出土。

二　汉代铜镜

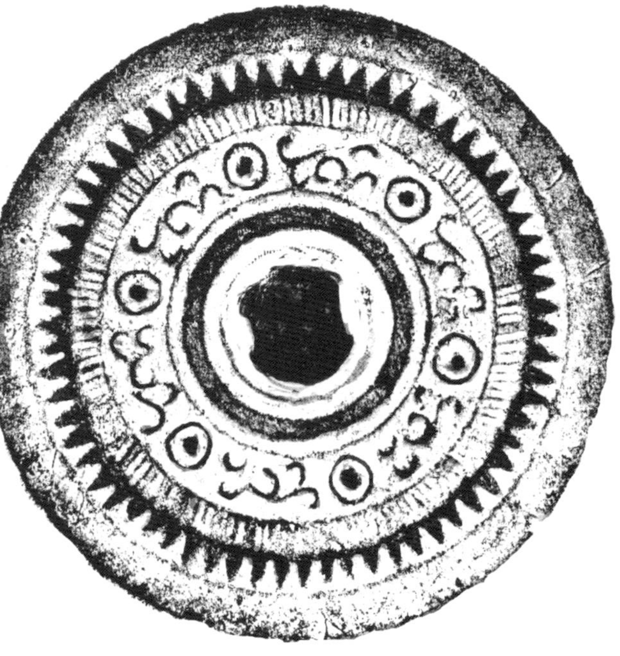

1. 六乳花草镜

西汉　直径9.5厘米　边厚0.3厘米

圆形，圆钮，圆钮座。主纹为六乳钉纹间以花草纹，其外饰短线纹和锯齿纹各一周。宽素缘。1998年郴州市高山背苏仙区供销社工地出土。

2. 星云连弧纹镜

西汉　直径10.4厘米　边缘厚0.2厘米

圆形，圆钮，八乳钉纹钮座。钮座外一钮对称弧纹，其外为十六连弧纹圈带。外区为两周凸弦纹圈，内有以钮对称的四乳钉纹，其乳钉纹周围环列八个圆凸纹，并将此分为四区，每区间由相同的两排共七个乳钉纹组成，相互间有短线纹连接。边缘为内向十六连弧纹。1993年郴州市竹叶冲市国土局工地出土。

3. 草叶连弧纹镜

西汉　直径13.6厘米　边缘厚0.3厘米

圆形，圆钮，柿蒂纹钮座，座外两个套合的凹形方格。两方格内短线纹、花叶间有铭文："见日之光，天下大明。"最外方格四角伸出二叶花纹，枝茎细长，其中每两个二叶花纹夹杂以乳钉纹及桃形花苞对称的单层草叶纹。边缘为内向十六连弧纹。2010年郴州市南塔岭工地出土。

4. 昭明连弧纹镜（一）

西汉　直径8.9厘米　边缘厚0.4厘米

圆形，圆钮，圆钮座。座外饰内向八连弧纹和铭文各一周。连弧纹和钮座间饰有八边形，其中四个边中心有三条垂直于边的短线。铭文："内而清而以而昭而明而光而夫而日月泄。"铭文两边各饰短斜线纹一周。宽素缘。1999年郴州市收遣站工地采集。

5. 昭明连弧纹镜（二）

西汉　直径12厘米　边缘厚0.5厘米

圆形，圆钮，圆钮座。座外饰凸弦纹一周、内向十连弧纹和铭文各一周。铭文：“内而忠而真日而月而青而光而明而以而。”铭文两边各饰短斜线纹一周。素宽缘。2015年郴州市文物处征集。

6 四乳四虺镜

西汉　直径9.2厘米　边缘厚0.3厘米

圆形，圆钮，圆钮座。座外饰两周短斜线纹间四乳四虺纹，虺纹上下饰简化鸟纹。宽素缘。1998年郴州市上自建里铁路家属区工地出土。

7.日光清白重圈铭文镜

西汉　直径16厘米　边缘厚0.6厘米

圆形，圆钮，并蒂连珠钮座。钮座外两周凸弦纹圈及细弦纹圈分为内外两区，两区内都配置篆体铭文。内区为铭文：“见日之光，长无相忘。”每字间都夹一个云纹符号。外区铭文：“潔（洁）清而事君，怨之合明，彼玄锡之泽，恐疏远日忘，怀美之穷皑，承驩之可说，慕窔之景泉，毋绝。”素缘。2011年郴州市南塔岭工地出土。

8. 陈氏作羽人龙纹镜

东汉　直径23厘米　边缘厚0.3厘米

圆形，半球形钮，圆钮座。弦纹圈将镜背分为两区。内区有龙纹、羽人和鸟纹，四条龙纹围绕钮座，龙头成顺时针走向，张嘴，吐火。龙周边内夹以镜钮为中心对称八半圆，其中部分两半圆间有羽人、鸟纹等。外区铸有铭文一周："陈氏作镜四夷服，多贺兮国家人民息，胡虏殄灭天下服兮，风雨时节五谷熟，长保二亲□天力，宜子孙。"外饰短斜纹一圈。素宽平缘。2000年郴州市刘仙岭海郴公司工地出土。

9. 八禽博局镜（一）

东汉　直径10.6厘米　边缘厚0.3厘米

圆形，圆钮，柿蒂纹凹形方框钮座。博局纹及八乳钉纹分成四方八区，八区内八禽纹，八禽两两相对，两禽以V纹分开。外区饰一周短线纹。缘饰锯齿纹两周，夹饰双线波折纹一周。1997年郴州市马家坪湘运公司工地出土。

10. 八禽博局镜（二）

东汉　直径11.1厘米　边缘厚0.3厘米

圆形，圆钮，四叶纹钮座。座外饰凹面形方框。八乳及博局纹将镜背分为四方八区，八区内八禽纹。之外饰一周短线纹。宽平缘，上饰两周锯齿纹夹波折纹一周。1985年郴州市下湄桥建材厂工地出土。

11. 新有善博局镜

东汉　直径22厘米　边缘厚0.7厘米

圆形，圆钮，圆钮座。座外大方格纹中环列十二乳钉纹及十二地支名铭文：“子丑寅卯，辰巳午未，申酉戌亥。”方框各边中心点外有T形纹，两边各一乳，T形与L形纹对置，方格四角与V形纹对置。方格及T、L、V形纹将内区分为四方八极，分别配置青龙与鸟、白虎、朱雀、玄武。外区铭文：“尚方作镜大毋伤，新有善铜出丹阳，湅治银锡青且明，巧工刻之成文章，左龙右虎辟不羊（祥），朱雀玄顺阴阳，子孙备具居。”其外短斜线纹与锯齿纹各一圈。云气纹缘。2003年郴州市骆仙岭北湖区政府工地出土。

12. 四兽简化博局镜

东汉　直径10.2厘米　边缘厚0.3厘米

圆形，圆钮，圆钮座。座外方格及四个T形纹，每个方格角相对应一个V形纹，形成四个区，每区一个禽兽，其外是短斜线纹一周。边缘一周云气纹。2015年郴州市文物处征集。

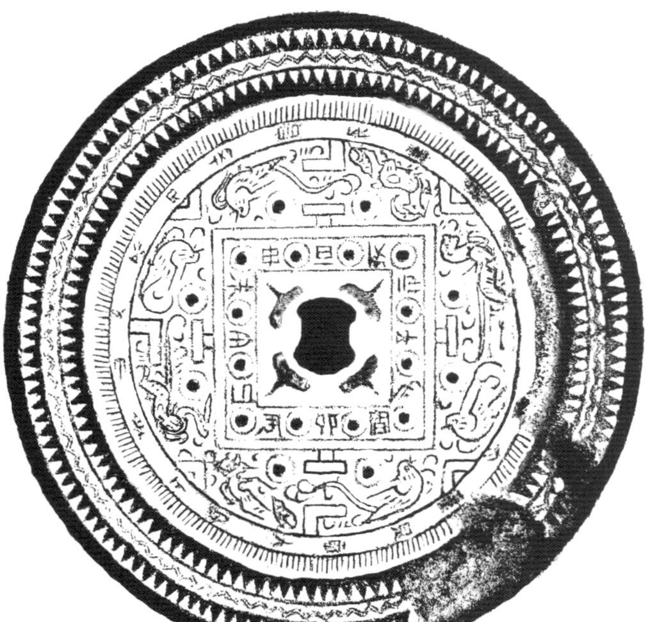

13. 四神博局镜

东汉　直径10.2厘米　边缘厚0.3厘米

圆形，圆钮，柿蒂纹钮座。座外饰双线方格纹，内为十二乳钉纹间以十二辰支铭“子丑寅卯，辰巳午未，申酉戌亥”。博局纹将内区分为四方八区，分别配置青龙、白虎、朱雀、玄武四神和鸟兽等纹饰。其外为铭文：“尚方作镜真大好，上有仙人不知老，渴饮玉泉饥食枣。”外围斜线纹一周。宽缘饰两周锯齿纹夹一周波折纹。2015年郴州市桂阳县文管所征集。

14. 尚方八禽博局镜（一）

东汉　直径12.2厘米　边缘厚0.3厘米

圆形，圆钮，柿蒂纹凹形方框钮座。博局纹及八乳钉纹分成四方八区，八区内八禽纹，八禽两两相对，两禽以V纹分开。外区饰铭文一周，铭文：“尚方作镜真大巧，上有仙人不知老，□□□□。”之外饰一周短线纹。缘饰锯齿纹两周，夹饰双线波折纹一周。1992年郴州市柏树下工地出土。

15. 尚方八禽博局镜（二）

东汉　直径12.2厘米　边缘厚0.3厘米

圆形，圆钮，柿蒂纹凹形方框钮座。钮座外饰博局纹、四乳纹和八禽纹，四乳与方格四角相对，八禽两两隔乳相背，为正面展翅站立，侧首相望。外区铭文为：“尚方作镜真大巧，上有仙人不老。”其外饰短线纹一周。镜缘饰锯齿纹两周。1979年资兴市旧市乡工地出土。

16. 尚方八禽简化博局镜

东汉　直径9.9厘米　边缘厚0.3厘米

圆形，半钮座，柿蒂纹凹形方框钮座。内区饰简化博局纹、八禽纹和四乳钉纹，禽两两隔乳相对。外区饰铭文、短线纹各一周。铭文："尚方作镜真大好，上有仙人不知老，□□□□。"镜缘饰锯齿纹、水波纹各一周。1974年郴州市汽车大修厂工地采集。

17. 禽鸟博局镜

东汉　直径9.9厘米　边缘厚0.3厘米

圆形，圆钮，凹形方框座。钮座外饰博局纹、四乳钉纹和八禽纹。四乳钉纹与方框座四角相对。八禽两两隔乳钉纹相背，为正面展翅站立，侧首相望。其外饰短线纹一周。边缘饰锯齿纹两周。2008年郴州市燕泉路粮机厂工地出土。

18. 简化博局镜

东汉　直径7.4厘米　边缘厚0.3厘米

圆形，圆钮，圆钮座。内区饰四乳纹、简化博局纹和花草纹。外区饰短线纹和锯齿纹各一周。素缘。1986年郴州市文物处采集。

19. 八连弧花叶镜

东汉　直径20.3厘米　边缘厚0.9厘米

圆形，圆钮，柿蒂纹钮座。柿蒂纹间各一字铭文，为“长宜子孙”。其外为一周短斜线纹和一周凸弦纹，再次为内向八连弧纹。连弧纹间有花叶纹和变形山字纹。外区为两周短线纹间有花朵纹、对称的多重线条的菱形纹和椭圆形纹组成。素面宽缘。1995年郴州市高山背市农业局工地出土。

20. 神兽钱纹镜

东汉　直径10.2厘米　边缘厚0.2厘米

圆形，圆钮，圆钮座。钮上部为六棱体。内区饰三枚钱纹，间饰三神兽纹，两枚钱文印五铢字样，一枚印菱形纹。外区饰半圆和方枚一周，各十二个，半圆中有四瓣花纹，方枚中各铸一字，合为："主至三公，作镜自□，□□□□。" 缘为变形兽纹带。1985年郴州市九中工地出土。

21. 四龙四叶镜

东汉　直径15.1厘米　边缘厚0.4厘米

圆形，半球形钮，圆钮座。座外十字形方向伸出四箭状叶纹，将镜背分成四区，四区中各置一龙纹，龙纹两两隔叶纹相对或相背，龙纹周围有云纹。素宽平缘。2000年郴州市刘仙岭海郴公司工地出土。

22. 云雷连弧镜

东汉　直径10.7厘米　边缘厚0.4厘米

圆形，圆钮，圆钮座。座外饰内向八连弧一周，其八角中都有短弧线纹。两周短斜线纹间饰云雷纹，云雷纹中有平行的弧线纹连接。宽素缘。1992年郴州市永兴县马田镇出土。

23. 张氏盘龙镜

东汉　直径9.8厘米　边缘厚0.5厘米

圆形，圆钮，圆钮座。钮座外饰一盘龙，身躯的一部分压在钮下，外饰铭文和短斜线纹各一周。铭文："张氏作镜大毋伤，长保二亲具中央。"镜缘饰锯齿纹和水波纹各一周。1986年郴州市狮马洞107国道工地出土。

24. 四乳四禽镜（一）

东汉　直径9.2厘米　边缘厚0.3厘米

圆形，圆钮，园钮座。钮座外饰四乳，间饰以四禽纹环绕，四禽相向环钮而立，逆时针排列，其外饰短斜线纹一周。素宽缘。1979年资兴市旧市乡工地出土。

25. 四乳四禽镜（二）

东汉　直径7.9厘米　边缘厚0.4厘米

圆形，圆钮，圆钮座。钮座外饰四乳钉纹，间饰以四禽纹环绕，四禽相向环钮而立，逆时针排列，其外饰短斜线纹一周。边缘饰一周锯齿纹。1992年郴州市燕泉路公路机械厂工地出土。

26. 五乳五禽镜

东汉　直径8.2厘米　边缘厚0.5厘米

圆形，圆钮，圆钮座。主体纹饰为五乳钉纹，间饰五禽，五禽姿态相同，逆时针走向。外围斜线纹和锯齿纹各一周。素缘。2012年郴州市北湖区华塘镇塘昌村出土。

27. 长宜子孙四叶镜

东汉　直径7.8厘米　边缘厚0.3厘米

圆形，圆钮，四叶纹钮座。叶间各有一字铭合为“长宜子孙”。宽素缘。1992年郴州市宜章县文管所征集。

28. 龙虎镜

东汉　直径7.6厘米　边缘厚0.3厘米

圆形，圆钮，圆钮座。主纹为高浮雕一龙一虎，夹钮对峙，龙虎均张口吐舌，身躯弯曲，其外饰一周短斜线纹和锯齿纹。素缘。2002年郴州市燕泉派出所移交市文物处。

29. 龙虎瑞兽镜

汉代　直径17.6厘米　边缘厚0.5厘米

圆形，圆钮，圆钮座。座外一圈流云纹。主纹为四乳钉纹夹四只瑞兽，瑞兽有龙、虎、凤等，之外短斜线纹一周。缘由锯齿纹和流云纹一周组成。2014年郴州市文物处征集。

30. 十连弧镜

东汉　直径7.5厘米　边缘厚0.3厘米

圆形，圆钮，圆钮座。钮座外饰一周凸弦纹，弦纹外内向十连弧纹，以钮为中心对称，其次饰锯齿纹一周。素凹缘。1985年郴州市狮马洞工地出土。

31. 三羊鸟纹镜

东汉　直径8.3厘米　边缘厚0.4厘米

圆形，圆钮，圆钮座。内区饰鸟纹和铭文，铭文为："三羊作镜（镜）自有（纪），除去不羊（祥）。"外区饰短线纹两周。素缘。铸工较粗糙，铭文有减省。2014年郴州市北湖区小埠工地出土。

32. 杜氏作龙虎镜

东汉　直径12.7厘米　边缘厚0.7厘米

圆形，圆钮，圆钮座。一龙一虎夹钮对峙，龙虎张口吐舌，身躯弯曲。外铸一周铭文："杜氏作镜大毋伤，汉有善铜出丹阳。"铭文外饰一周短斜线纹。缘饰锯齿纹和水波纹一周。1989年郴州市永兴县城关镇李家山工地出土。

33. 四禽镜

东汉　直径9.3　边厚0.4厘米

圆形，圆钮，圆钮座。座外饰凹形方框，主纹为四鸟纹，四鸟环钮相向而立，其外饰短线纹一周。缘饰锯齿纹两周。1992年郴州市永兴县马田镇出土。

34. 尚方禽兽镜（一）

东汉　直径15.4厘米　边缘厚0.5厘米

圆形，圆钮，圆钮座。钮座外饰九乳钉纹。内区饰禽兽纹，间饰以七乳钉纹。外区铸一周铭文："尚方作镜大毋伤，巧工刻之成文章，左龙右虎辟不羊（祥），朱鸟玄武顺阴阳，子孙备具乎。"其外饰短线纹一周。缘为两周锯齿纹夹一周双线水波纹。1995年郴州市永兴县粮食局工地出土。

35. 尚方禽兽镜（二）

东汉　直径13.8厘米　边缘厚0.6厘米

圆形，圆钮，圆钮座。钮座外饰九乳纹。内区饰禽兽纹，间饰以七乳钉纹。外区铸一周铭文："尚方作镜大毋伤，巧工刻之成文章，左龙右虎辟不羊（祥），朱鸟玄。"其外饰短线纹一周。缘为两周锯齿纹夹一周单线水波纹。1989年郴州市永兴县马田镇加油站出土。

36. 龙虎镜

东汉　直径8.3厘米　边缘厚0.3厘米。

圆形，圆钮，圆钮座。主纹为龙虎对峙，龙的身躯部分压在钮座下，其外短斜线纹、锯齿纹及波浪纹一周。素缘。2008年郴州市永兴县荣裕国际大酒店工地出土。

三 六朝铜镜

1. 神兽镜

三国　直径11.7厘米　边缘厚0.4厘米

圆形，扁圆钮，圆钮座。镜身纹饰分为内外两区。内区饰四龙、二凤鸟、五人首兽身纹，环列围绕钮座，其外环绕半圆和方枚各八个，夹杂空隙处饰麻点纹。外区有短线纹一周和弦纹两周。缘内铸一周铭文，十四字，字迹模糊，难以辨认。1991年郴州市临武县马塘职业中专工地出土。

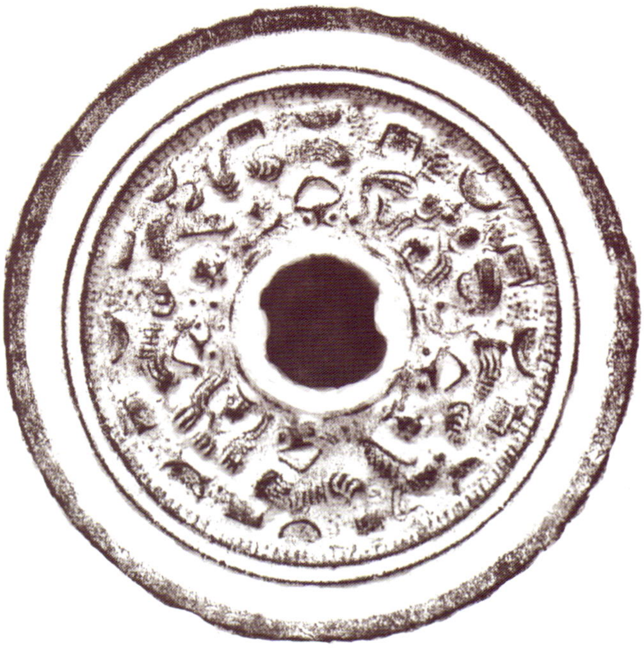

2. 生至三羊夔凤镜

六朝　直径8.7厘米　边缘厚0.2厘米

圆形，圆钮，圆钮座，钮上下各有两条平行竖线，线之间上为“生至”，下为“三羊”铭文，钮两侧各一凤，二头一身，身躯作S形卷曲，头均为凤头，圆眼尖喙。一周弦纹外有一周短斜纹。宽素缘。1991年郴州市狮马洞烟叶复烤厂工地出土。

3. 建安二十四年神兽镜

三国 直径11.8厘米 边缘厚0.4厘米

圆形，扁圆钮。镜身纹饰分为内外两区。内区为浮雕四龙、四凤鸟、六人首兽身纹作对置式环列。其外有一圈半圆方枚，为十一个；外区饰一周短直线纹和弦纹。缘内铸铭文四十六字：“吾作明镜宜公卿，家有五马千头羊，长生久寿，日月相象，长□□□，世世相逢，建安二十四年六月辛巳朔□日□□造。”1991年郴州市临武县马塘职业中专工地出土。

4. 弦纹镜

六朝　直径8.9厘米　边缘厚0.9厘米

圆形，圆钮。钮外两周弦纹，素面。素缘。2011年郴州市南塔岭工地出土。

四 隋唐铜镜

1. 云龙纹镜

隋代　直径14.4厘米　边缘厚0.9厘米

圆形，圆钮，圆钮座。座外饰连珠纹和双弦纹。主纹为四龙，四龙两两相对而列，皆作飞腾状。外饰勾连雷纹和一圈锯齿纹。宽素缘。2015年郴州市文物处征集。

2. 花发四瑞兽镜

唐代　直径9.7厘米　边缘厚0.6厘米

圆形，圆钮，圆钮座。以锯齿纹窄棱相隔内外区。内区饰四瑞兽纹，瑞兽两两相对，呈奔驰状。外区有铭文一周，铭文：“花发无冬夏，临台晓夜明，偏识秦楼意，能照玉妆成。”锯齿纹缘。1998年郴州市第三建筑工程公司工地出土。

3. 花鸟镜

唐代 直径9.5厘米 边缘厚0.4厘米

八瓣菱花形，圆钮。高齿纹圈分成内外两区，内区纹饰为四鸟飞绕小花枝，外区饰四鸟飞绕大花枝。边缘各瓣中有一组花叶纹，较为模糊。1996年郴州市高山背工地采集。

4. 双鸟镜

唐代　直径20.1厘米　边缘厚0.4厘米

圆形，小圆钮。钮外饰双鸟纹，逆时针走向，鸟尾和头部相连接。宽缘。1986年郴州市文物处征集。

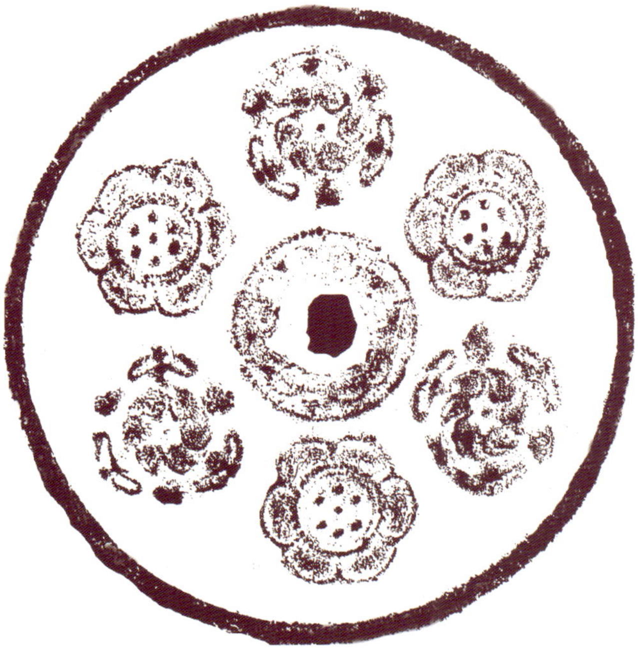

5. 散点式宝相花镜

唐代　直径17厘米　边缘厚0.3厘米

圆形，圆钮，花瓣形钮座，钮座外一圈连珠纹带。纹饰为两种不同的花卉纹，各三朵相间环绕。一组为六瓣莲花，圆圈中间一黑点外围六黑点，圆圈外一圈连珠纹带。一组为旋转式六叶片组成花瓣内心，外排列三叶片及三弧形瓣。素缘。2015年郴州市桂阳县文管所征集。

6. 瑞兽葡萄镜

唐代　直径8厘米　边缘厚1.1厘米

圆形，圆钮。内外区以窄棱一周相隔，内区四瑞兽攀援葡萄枝蔓，一串串葡萄排在窄棱内侧，外区六只禽鸟穿插于葡萄枝蔓叶实之间，禽鸟三飞三栖。三叠云纹缘。1983年郴州市文物处征集。

五 宋代铜镜

1. 葡萄花纹镜

宋代　直径11.4厘米　边缘厚0.5厘米

圆形，圆钮。钮座外两周弦纹，以钮为中心对称的葡萄、藤和叶。纹饰简单。素缘。2011年郴州市桂阳县刘家岭工地出土。

2. 李氏四神镜

宋代　直径19厘米　边缘厚0.4厘米

八瓣葵花形，圆钮，八花瓣形钮座。高弦纹一圈分内外两区。内区饰四神纹青龙、白虎、朱雀和玄武，围绕钮座。外区饰七乳钉纹，间饰以七瑞兽纹，其次一圈铭文和一周短斜线纹。铭文："李乐作镜四夷服，多贺国家人民息，胡虏殄灭天下复，风雨时节五谷熟，长保二亲得天力，传告后世得天福。"花草纹缘。1984年郴州市安仁县文化馆征集。

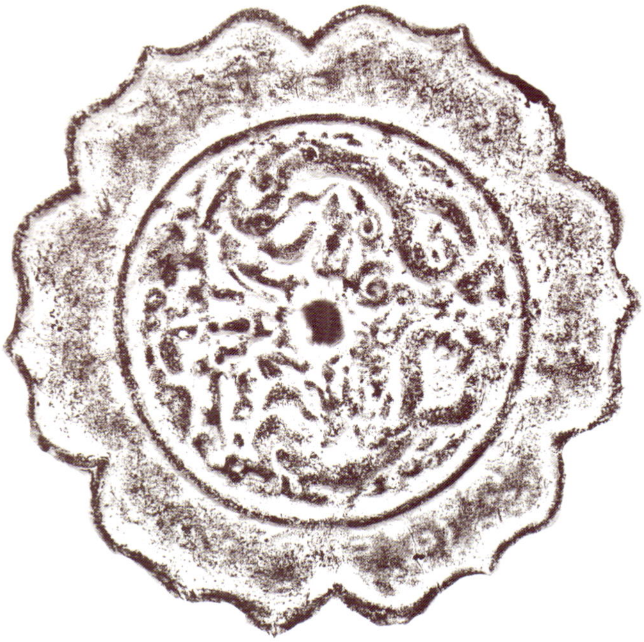

3. 双龙镜

宋　直径19.7厘米　边缘厚0.5厘米。

菱花形，圆钮。钮两侧有双龙，龙头对着圆钮，作双龙戏珠状，身躯蜿蜒于龙头上方，一后肢与尾相交，均张目舞爪，伸出带三爪的前肢。龙身周围饰云彩。龙下方为海岸，岸下为波涛汹涌的海水，水中有一龟，岸上有一件三足炉。外区纹饰已模糊不清。素缘。1980年郴州市升桥铺宋墓出土。

4. 仙人龟鹤镜

宋代　直径23.7厘米　边缘厚0.7厘米

圆形，圆钮。钮左侧一仙人端坐石上，束发，背后有头光，着宽袖长衣，双手在膝上。右侧竹树下站一人，双手托盘。空中一仙鹤翱翔，地上一灵龟蹒跚向仙人方向。素缘。1986年郴州市文物处征集。

5. 千秋万岁菊花镜

宋代　宽13.5厘米　边缘厚0.2厘米

亚字形方镜，小鼻钮，菊瓣形钮座，钮座外伸出四枝菊花及枝叶。花叶外每一方铸一字，左旋读为“千秋万岁”四字，“万”为简体，在其花旁还有字，辨识不清晰。缘内饰连珠纹。2011年郴州市桂阳县刘家岭壁画墓出土。

6. 仙人降龙镜

宋代　直径13.1厘米　边缘厚0.4厘米

八出葵花形，龟形钮，花瓣钮座。钮右一仙人，着宽袖衫，腰束带，右手抬手作拨剑状，左手握拳，双脚踩在云朵上，龙头向下，俯身曲颈，后肢被压在剑下，尾卷曲缠于剑格处。龙身左侧有一瑞兽头。其间点缀云气纹。连珠纹缘。1983年郴州市文物处征集。

7. 瑞兽葡萄镜

宋代　直径13厘米　边缘厚0.9厘米

圆形，龟形钮。凸弦纹圈带将镜背分为内外两区，内区四瑞兽攀援葡萄枝蔓，兽间还穿插着禽鸟，一串串葡萄排在高圈内侧。外区伫立在枝上的十只鸟绕在高圈外侧，其外硕大的叶瓣间隔着葡萄串。卷边。1982年郴州市文物处征集。

8. 方形双凤镜

宋代　直径14.7厘米　边缘厚0.4厘米

方形，桥形钮，圆钮座。座内有涡纹一周，其外双凤纹逆时针盘旋、弦纹两周夹连珠纹一周。四角有花纹一束。素宽缘。2015年郴州市桂阳县文管所征集。

9. 湖州石家镜

宋代　直径9.3厘米　边缘厚0.3厘米

六出葵花形。右侧长方形框内有“湖州真石三十郎家照子”两行铭文。左侧长方形框内有“无比炼铜每两一百文”单行铭文。素缘。郴州市嘉禾县文管所征集。

10. 玉兔捣药镜

宋代　通高18.5厘米　镜直径11.7厘米　边缘厚0.7厘米

镜身为圆形，下部有钮，下置镜架。镜背右侧有一株大桂树，枝叶横生至镜上部，桂树左侧有一白兔直立，双耳竖起，两前肢握杵往容器中，作捣药状。素缘。郴州市文物处征集。

11. 带柄花纹镜

宋代　直径10.5厘米　柄长8.4厘米

六瓣菱形，带柄。无钮。镜缘凸边与柄的凸边相连。镜背被一圈弦纹分为两区，内区粗糙的点状花纹，外区为一圈模糊纹饰，均在每个菱形内。1984年郴州地区家具厂工地采集。

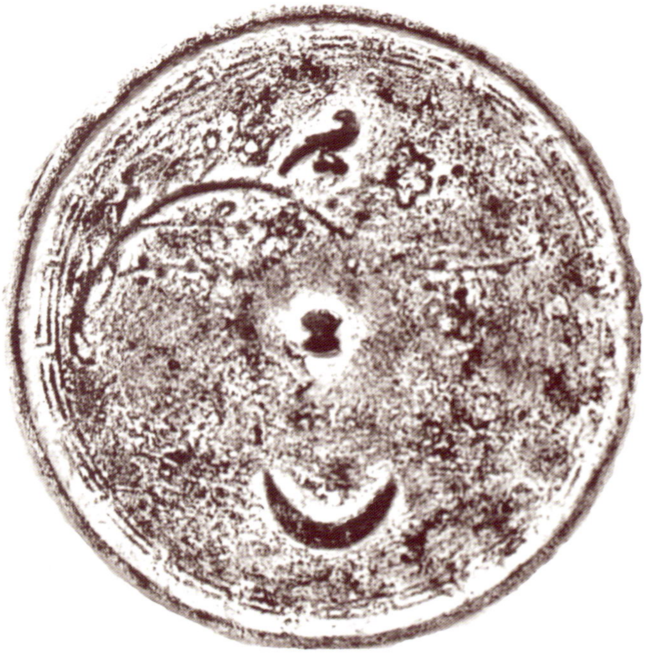

12. 鸟语花香镜

宋代　直径17.7厘米　边缘厚0.5厘米

圆形，圆钮。钮上为一枝梅花，梅花枝头停留一只反首回盼的喜鹊，钮下水波涟漪，一弯月牙倒映水中，镜边缘为一周长方形雷纹。窄缘。1985年郴州市文物处征集。

13. 双凤镜

宋代　直径15.9厘米　边缘厚0.4厘米

圆形，圆钮，连珠纹钮座。纹饰是双凤齐飞，首尾相接，形态相同，凤头似鸡头，尖嘴，丹凤眼，羽毛呈叠瓣式错落排列，最后抽出一片叶状尾羽。外有短斜线圈和连珠纹一周。缘由两圈弦纹组成。1988年郴州市文物处征集。

14. 平安富贵镜

宋代 直径15.6厘米 边缘厚0.5厘米

圆形，圆钮。钮四周各一篆书字，合为“平安富贵”四字。素宽凹缘。郴州市文物处征集。

15. 仙人鹤鹿同春镜

宋代　直径18.9厘米　边缘厚0.4厘米

圆形，圆钮。右侧一树，枝和叶横生至镜上部。左侧山石中隐现出一扇门，一只仙鹤从打开的山门中探出头部。树下坐一老者，旁立一侍者，双手托盘，盘中有物。山门下亦立一侍者，手中持宝瓶，躬身面向老者，身前一鹿驮物前行。鹿下有河水。素宽缘。1985年郴州市文物处征集。

六 明清铜镜

1. 缠枝花卉镜

明代　直径23厘米　边缘厚0.7厘米

圆形，圆钮。以钮为中心饰缠枝花卉纹和凸弦纹一周。缠枝花卉纹为一根枝蔓分枝回卷，三枝向左旋，一枝右旋，枝蔓叶茎穿插交叠，顶端托一大花。素凹缘。2000年郴州市李家坝明墓出土。

2. 人物多宝镜

明代　直径12.4厘米　边缘厚1.1厘米

圆形，圆钮。钮上方中间饰一座两层楼阁，左右各一飞天，钮的左右各有两仙女，手持酒壶，端着食品，提着篮。钮下方饰银锭、瑞兽、宝珠、画卷、灵芝草和宝瓶。莲瓣形高缘。1985年郴州市文物处征集。

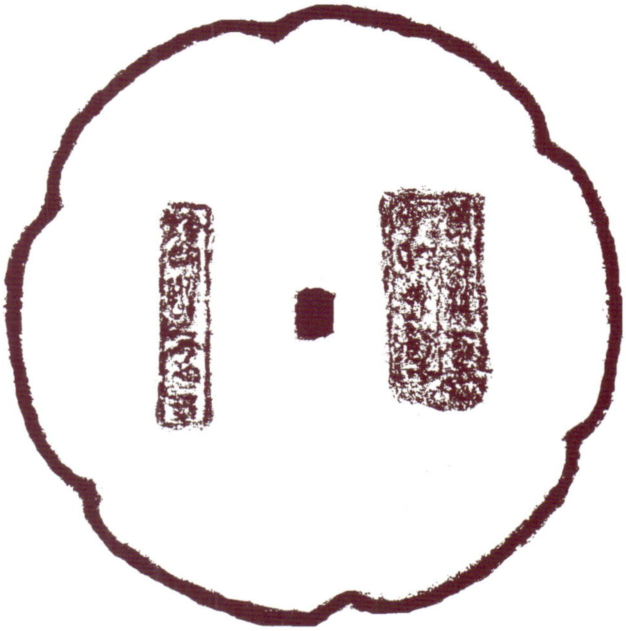

3. 湖州镜

明代　直径13厘米 边缘厚0.3厘米

葵花形，圆钮。钮右侧长方形框内“湖州□□□□□□□□”二行铭文，左侧长方形框内有单行铭文，已模糊不清。素卷边。1980年郴州市槐树下明崔鑑墓出土。

4. 湖州孙家镜

明代　直径7.7厘米　边缘厚0.3厘米

圆形，银锭钮。钮外两边有长方形框和凸弦纹一周，框内有“湖州孙家，青鸾宝鑑”铭文两排。宽凹缘。2000年郴州市李家坝明墓出土。

5. 湖州薛怀泉镜

明代　直径11.2厘米　边缘厚0.3厘米

圆形，圆柱钮。钮上有铭文："湖州薛怀泉自造。"素面。平缘。郴州市文物处征集。

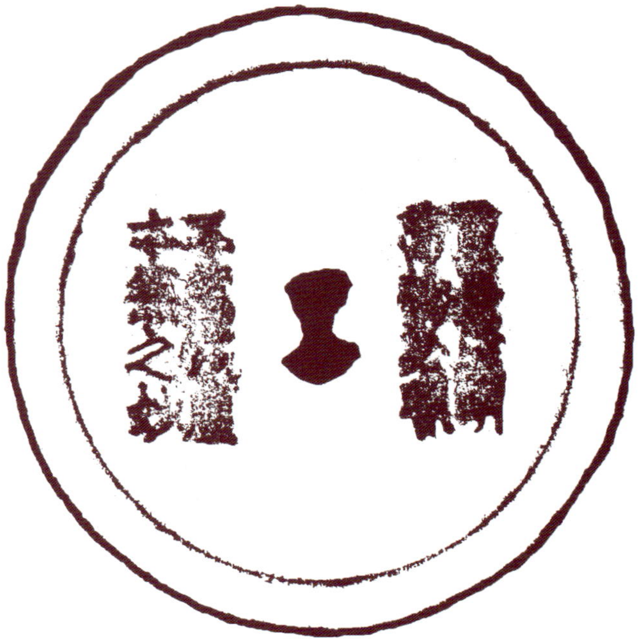

6. 本无之妙镜

明代　直径8.5厘米　边缘厚0.5厘米

圆形，银锭钮。钮两侧分别有铭文两排。左侧为：“本无之妙，不□□庐。”右侧为：“万物必眠，□□□□。”素宽凹缘。郴州市宜章县文管所征集。

7. 状元及第镜

明代　直径16.1厘米　边缘厚0.4厘米

圆形，圆钮。钮外有四个凸起的双线方框，框内铸有楷书字铭，合为“状元及第”四字铭文。素窄缘。1985年郴州市文物处征集。

8. 五子登科镜（一）

明代　直径17.8厘米　边缘厚0.4厘米

圆形，圆钮。钮外有四个凸起的方框，框内铸有楷书字铭，合为“五子登科”四字铭文，“五”字铭框右侧铸“嘉靖年造”四字楷书年款，铭文间饰有轮、螺、鱼、肠杂宝。素卷缘。1985年郴州市文物处征集。

9. 五子登科镜（二）

明代　直径8.2厘米　边缘厚0.2厘米

圆形，圆钮。钮外四个方框内各铭一字和凸弦纹一周，铭文为“五子登科”。素凹缘。郴州市嘉禾县文管所征集。

10. 弦纹镜（一）

明代　直径24.6厘米　边缘厚0.8厘米

圆形，银锭钮。钮外饰凸弦纹一周，卷缘。2000年郴州市李家坝明墓出土。

11. 弦纹镜（二）

明代　直径6.9厘米　边缘厚0.7厘米

圆形，圆钮，钮较扁。钮外饰两周凸弦纹。卷缘。2000年郴州市李家坝明墓出土。

12. 寿星动物镜

明代　直径10.6厘米　边缘厚0.7厘米

圆形，圆钮。钮外纹饰层次不分明。飞鹤展翅，抬一只腿，另一只腿站在云朵上，其左侧有一女子，呈蹲坐姿态，手捧何物不清晰，边有云朵纹。下面为一欢快的男性，呈手舞足蹈状，立在云朵上。云朵右侧是一走动姿态的梅花鹿，其旁云朵上有一爬行的龟。其上是一寿星，手持禅杖，站在云朵之上。素窄缘。郴州市汝城县文管所征集。

13. 德甫铭文镜

清代　直径8.8厘米　边缘厚0.3厘米

圆形，扁圆钮。钮上下各有一正楷字铭，合为“德甫”；钮左右各有一行铭文，左侧长方框内铸有“□身保□”；右侧长方框字迹锈蚀模糊。边缘有两圈锯齿纹。1985年郴州市宜章县城关镇北门后山看守所出土。

14. 龙飞凤舞镜

清代　直径19厘米　边缘厚0.5厘米

圆形，圆钮，八卦纹钮座。钮座外上下左右各铸一字，合为“龙飞凤舞”。素卷缘。1991年5月，郴州市临武县供销社谭跃葵捐献。1991年郴州市临武县文管征集。

15. 福并乾坤镜

清代　直径34厘米　边缘厚0.7厘米

圆形，半球钮形，菊花纹钮座。座外伸出四组对称三叶纹，钮座上下左右各有一个双线方框，框内有行书字铭，合为“福并乾坤”，每字间饰半朵菊花纹。卷缘。郴州市桂东县文管所征集。